AF400228

LA BATAILLE DE L'ATLANTIQUE

1939-1945, la plus longue campagne de la guerre

Par Martin Wilfart
Sous la direction d'Antoine Baudry

50MINUTES.fr

LA BATAILLE DE L'ATLANTIQUE

INTRODUCTION

La bataille de l'Atlantique est la plus longue campagne de la Seconde Guerre mondiale. Elle a mobilisé des moyens extraordinaires, tant en hommes qu'en matériel, dans les deux camps et sera marquée, dans bien des domaines, par des avancées techniques importantes qui révolutionneront la guerre navale.

Le 3 septembre 1939, à 21 heures, à peine dix heures après la proclamation de l'état de guerre entre le Royaume-Uni et le IIIe Reich, l'Athenia, un paquebot britannique de 13 500 tonnes qui se dirige vers New York, est torpillé par le sous-marin allemand, le U-30. Sur les 400 personnes que transporte l'Athenia, 122 perdent la vie. Ce sont les premières victimes d'une campagne qui ne durera pas moins de 68 mois et qui verra sombrer des milliers de navires, entraînant la mort de dizaines de milliers de marins.

Les enjeux de la bataille sont extrêmement importants. Les Allemands veulent obtenir la suprématie dans l'océan Atlantique afin d'empêcher les Anglais de recevoir l'aide venue du continent américain et des colonies britanniques. Ils espèrent ainsi asphyxier les Britanniques, seuls opposants au régime nazi en Europe après la reddition de la France en juin 1940, et les obliger à se rendre à leur tour. Cependant, bien qu'efficace, la stratégie allemande, essentiellement basée sur l'utilisation de sous-marins, ne pourra faire plier les Alliés, qui parviennent à acheminer les hommes et le matériel nécessaires pour entreprendre la conquête de l'Europe occupée.

DONNÉES-CLÉS

- **Quand ?** Du 3 septembre 1939 au 8 mai 1945
- **Où ?** Dans l'océan Atlantique
- **Contexte ?** La Seconde Guerre mondiale (1939-1945)
- **Belligérants ?** Les marines alliées (Royaume-Uni, Canada et États-Unis) contre les forces de l'Axe composées de la *Kriegsmarine* (IIIe Reich) et de la *Regia Marina* (royaume d'Italie)
- **Acteurs principaux ?**
  - Erich Raeder, amiral allemand (1876-1960)
  - Karl Dönitz, amiral allemand (1891-1980)
  - Ernest Joseph King, amiral américain (1878-1956)
  - Sir Max Kennedy Horton, amiral britannique (1883-1951)
- **Issue ?** Victoire alliée
- **Victimes ?**
  - Camp allié : environ 45 000 morts
  - Camp de l'Axe : environ 25 000 morts

CONTEXTE POLITIQUE ET SOCIAL

LES PRÉMISSES DE LA SECONDE GUERRE MONDIALE

La bataille de l'Atlantique, ses enjeux et son déroulement ne peuvent être compris qu'en la replaçant dans le contexte, beaucoup plus large, de la Seconde Guerre mondiale. Bien que la guerre commence officiellement le 1ᵉʳ septembre 1939 lors de l'invasion de la Pologne par l'Allemagne, ce conflit prend ses racines dans un passé plus lointain. Plusieurs facteurs ont ainsi causé l'embrasement du monde, dont notamment :

- l'application des décisions prises à la fin de la Première Guerre mondiale qui ont été entérinées par la signature du traité de Versailles en 1919. Les clauses de l'accord imposent aux États vaincus de très lourdes sanctions économiques, militaires et territoriales, source d'une montée de la rancœur et du désir de revanche auprès des populations qui ont perdu la guerre ;

- ce sentiment permet l'émergence de partis politiques à tendances nationaliste et même totalitaire, dont le but est de retrouver une gloire qui aurait été perdue lors de l'armistice de 1918. Ainsi, l'Italie voit Benito Mussolini (1883-1945) prendre le pouvoir avec son parti fasciste, regroupant les déçus de la Première Guerre mondiale qui estiment que l'Italie, pourtant dans le camp des vainqueurs en 1918, a été lésée lors des négociations de paix ;

- la crise économique qui débute aux États-Unis en 1929 se répand rapidement et ruine l'économie des pays industrialisés en quelques mois. Ses effets sont d'autant plus dévastateurs dans les pays soumis aux conditions difficiles du traité de Versailles. Par conséquent, cette crise, combinée au sentiment revanchard de la population, permet en 1933 au Parti national-socialiste des travailleurs allemands mené par Adolf Hitler (1889-1945) d'accéder au pouvoir en Allemagne ;

- les volontés expansionnistes d'hommes tels qu'Adolf Hitler et Benito Mussolini les poussent à vouloir acquérir de nouveaux territoires. Pour l'Allemagne nazie, on parle alors de pangermanisme, mouvement qui vise à rassembler toutes les populations de culture, de langue ou de « race » allemande au sein d'un grand empire. Le Führer pousse cette idée à son paroxysme en affirmant qu'une fois ces populations rassemblées, il faudra étendre le territoire afin d'acquérir des terres nécessaires à la survie de son peuple ;

- la Société des Nations, créée en 1919 lors de la signature du traité de Versailles dans le but de prévenir tout nouveau conflit mondial, ne parvient pas à rétablir la situation, car elle ne dispose pas de moyens de pression ;
- l'axe Rome-Berlin-Tokyo, alliance économique et militaire de l'Italie, de l'Allemagne nazie et de l'Empire japonais, est créé en septembre 1940 ;
- le réarmement des troupes allemandes est entamé dès l'arrivée au pouvoir d'Adolf Hitler, alors que la production des usines d'armement était maintenue au plus bas suite aux accords du traité de Versailles. Le Führer espère ainsi relancer l'économie du pays qui était jusque-là minée par les paiements dus aux nations sorties victorieuses de la Première Guerre mondiale d'une part et par la crise de 1929 d'autre part.

Tous ces facteurs rendent inévitable une guerre sur le continent européen. Si la France et le Royaume-Uni restent relativement inactifs lors de l'annexion de l'Autriche (mars 1938) et de la Tchécoslovaquie (mars 1939) par l'Allemagne, ils lui envoient un ultimatum lorsque, le 1er septembre 1939, les armées d'Adolf Hitler envahissent une partie de la Pologne, marquant le début de la Seconde Guerre mondiale.

LES ENJEUX DE LA BATAILLE DE L'ATLANTIQUE

La bataille de l'Atlantique débute le 3 septembre 1939. À peine prend-il connaissance des ultimatums lancés à son encontre qu'Adolf Hitler ordonne la mise en place de mesures visant à paralyser toutes les importations du Royaume-Uni transitant dans l'Atlantique. À la veille du conflit, le Royaume-Uni est en effet à la tête d'un empire colonial très important dont l'économie et le secteur industriel reposent en grande partie sur l'acheminement de matières premières depuis les colonies. Les Allemands veulent donc empêcher tout ravitaillement par voies maritimes afin de paralyser l'économie du pays, d'affamer son peuple et ainsi forcer le gouvernement à se rendre.

Toutefois, les Allemands n'ont pas dit leur dernier mot et tentent à leur tour d'imposer un blocus au Royaume-Uni en utilisant un nouvel engin : les sous-marins. Si une première opération est lancée en 1915, il faut attendre le mois de février 1917 pour voir apparaître la guerre sous-marine à outrance, véritable cauchemar des Britanniques qui perdront de nombreux hommes et navires.

LA MARINE ALLEMANDE À L'AUBE DE LA SECONDE GUERRE MONDIALE

Un problème de taille empêche cependant les Allemands de mettre en œuvre leur plan de contrôle de l'océan Atlantique et de blocus du Royaume-Uni. En effet, suite au traité de Versailles, des restrictions sont imposées aux forces allemandes en matière d'armement. La puissante armée de 1918 est en effet transformée en une armée de défense afin de limiter au maximum sa capacité à déclencher un nouveau conflit. Mais, lorsqu'Adolf Hitler arrive au pouvoir en 1933, celui-ci rêve de doter l'Allemagne d'un vaste empire. Or pour que ses désirs deviennent réalité, il a besoin d'importants effectifs armés, ce dont il ne dispose pas actuellement. La marine de guerre allemande ne compte en effet plus que quelques petits navires de guerre, vétustes pour la plupart, dont le tonnage maximum (c'est-à-dire la somme du poids de tous les navires de la flotte) ne peut dépasser les 10 000 tonnes. Le tonnage maximal autorisé pour l'ensemble de la flotte allemande est limité à 108 000 tonnes, ce qui, au vu des standards militaires de l'époque, est quasiment insignifiant et ne laisse pas beaucoup de possibilités au Führer. Cependant, après plusieurs négociations, Adolf Hitler parvient à trouver un accord avec le gouvernement britannique, qui lui permet de mettre en place une flotte pouvant atteindre jusqu'à 35 % du tonnage de la flotte de surface et 45 % du tonnage de la flotte sous-marine de la *Royal Navy.*

Dès lors, au cours des années trente, les chantiers de construction allemands reprennent du service pour produire de nouveaux bâtiments de guerre. D'un point de vue économique, le chancelier allemand se sert des chantiers navals pour créer de l'emploi dans une Allemagne dont l'économie est moribonde. Malgré ses efforts, à la veille du conflit, le tonnage de la flotte britannique reste toutefois huit fois supérieur à celui de la flotte allemande.

LA MARINE BRITANNIQUE :
COLOSSE AUX PIEDS D'ARGILE ?

Construire une flotte capable de rivaliser avec la flotte britannique est une entreprise qui relève presque de l'impossible. En effet, l'Angleterre est à la tête de la première puissance coloniale au monde, ce qui nécessite une marine capable de protéger ses colonies et les voies maritimes qui y mènent. C'est elle qui dispose de la plus grande force navale à la veille de la Seconde Guerre mondiale. Toutefois, celle-ci n'est pas sans défauts :

- vieillissante, elle n'est plus adaptée aux nouveaux combats navals qui apparaîtront au cours de la Seconde Guerre mondiale ;
- elle ne dispose pas d'assez de bâtiments d'escorte dont le rôle est de protéger les autres navires des attaques des sous-marins ;
- de par l'étendue de l'Empire colonial britannique, elle est disséminée aux quatre coins du globe afin d'assurer la protection de ses possessions.

ACTEURS PRINCIPAUX

ERICH RAEDER, AMIRAL ALLEMAND

Erich Raeder naît en 1876 dans la banlieue de Hambourg (nord de l'Allemagne). Sitôt ses études secondaires terminées, il commence une carrière dans la marine de guerre allemande. Lors de la Première Guerre mondiale, il fait partie de l'état-major de l'amiral Franz von Hipper (1863-1932), avec qui il participe à plusieurs combats contre la *Royal Navy*. En 1925, il obtient le grade de vice-amiral et celui d'amiral, trois ans plus tard.

Lorsqu'Adolf Hitler arrive au pouvoir, il intègre Erich Raeder dans son projet de restauration de la flotte allemande, le plan Z, qui consiste à construire six cuirassés, deux porte-avions, 225 sous-marins et de nombreux croiseurs et destroyers. Il lui demande également conseil pour définir les lignes de conduite que doit suivre la *Kriegsmarine* (marine de guerre allemande) dans le cadre d'une guerre navale de grande ampleur. Celui-ci lui suggère de privilégier la construction de grands navires de guerre de surface aux sous-marins. En 1936, il est nommé commandant en chef de la *Kriegsmarine* et reçoit le prestigieux titre de grand amiral trois ans plus tard.

Il conseille ensuite au Führer d'envahir la Norvège et le Danemark en 1940 afin d'empêcher les Anglais et les Français d'y installer des bases et pour sécuriser la route commerciale du minerai de fer suédois, indispensable à l'industrie militaire allemande. Mais, peu à peu, Erich Raeder perd l'influence qu'il avait sur Adolf Hitler, car ses navires de surface se révèlent moins efficaces qu'il ne l'avait prédit avant la guerre. Ainsi, plusieurs revers tels que la perte du Bismarck, fleuron de la marine allemande, et la défaite à la bataille de Barents (31 décembre 1942) lui font perdre toute crédibilité face aux succès remportés par les sous-marins. Il démissionne alors de ses fonctions le 30 janvier 1943 et est remplacé par Karl Dönitz. Suite à son départ et à sa perte d'influence auprès du Führer, Erich Raeder passe le reste de la guerre sans réelle affectation et se voit éloigner du pouvoir. Une fois le conflit terminé, le tribunal de Nuremberg le condamne, en 1946, à la prison à vie, notamment pour sa participation au réarmement de l'Allemagne, interdit par le traité de Versailles. Erich Raeder est cependant libéré en septembre 1955 à cause de sa santé défaillante et meurt cinq ans plus tard.

KARL DÖNITZ, AMIRAL ALLEMAND

Karl Dönitz est un officier de la marine allemande né en 1891 à Berlin. Il s'engage dans la marine de surface en 1910. Durant la Première Guerre mondiale, il sert sur un croiseur en Méditerranée et dans la mer Noire avant de recevoir une formation de sous-marinier en 1916. Dès 1917, il combat depuis un sous-marin et obtient ensuite le commandement du UC-25 entre mars et septembre 1918. En octobre, il est capturé par les Anglais après son affectation comme commandant du UB-68. Relâché après la guerre, il revient en Allemagne en 1920 et adhère aux idées du parti nazi.

Très respecté par Adolf Hitler – qui le désignera comme son successeur à la tête du IIIe Reich avant de se donner la mort en 1945 –, il tente de convaincre le Führer de convertir la *Kriegsmarine* en une immense flotte de combat sous-marine et d'abandonner les grands navires de surface voulus par Erich Raeder. En 1936, il devient chef de la flotte sous-marine allemande. Voyant l'efficacité des *U-Boot* (abréviation d'*Unterseeboot* qui signifie « sous-marin ») de Karl Dönitz dans la bataille de l'Atlantique, Adolf Hitler le nomme chef de la *Kriegsmarine* après la démission d'Erich Raeder.

Dès lors, il s'efforce de mettre au point la tactique connue sous le nom de *Rudeltaktik* (« tactique des meutes ») qui consiste en une attaque groupée de sous-marins allemands sur les convois des forces alliées. Cette stratégie permettra de faire pencher, durant un temps, la balance du côté allemand dans la bataille de l'Atlantique.

<u>Bon à savoir</u>

En 1936, l'Allemagne signe la convention de Londres, qui interdit la guerre sous-marine à outrance suite aux ravages causés durant la Première Guerre mondiale. Si Adolf Hitler et Erich Raeder sont dans un premier temps enclins à respecter ce principe, ce qui explique en partie la part belle accordée à la production de navires de surface, les cinglants revers que la *Kriegsmarine* connaît durant les premières années du conflit et les succès remportés par les *U-Boot* poussent le Führer à développer en profondeur l'arme sous-marine.

Jusqu'à la fin de la guerre, Karl Dönitz occupe le poste de chef de la marine de guerre allemande. À la mort d'Adolf Hitler, il devient chef de ce qui reste du IIIe Reich et décide de commencer à négocier la paix avec les Alliés occidentaux. C'est sur son ordre que le général Alfred Jodl (1890-1946) signera la capitulation de l'Allemagne à Reims, le 7 mai 1945.

Karl Dönitz est ensuite arrêté et jugé au procès de Nuremberg. Il écope de dix ans d'emprisonnement au terme desquels il mène une existence tranquille avant de mourir d'une crise cardiaque en 1980.

SIR MAX KENNEDY HORTON, AMIRAL BRITANNIQUE

Né à Rhosneigr (nord du pays de Galles) en 1883, Sir Max Kennedy Horton est un officier supérieur de la marine britannique. Il entre dans la

Royal Navy en 1898, monte peu à peu les échelons de la hiérarchie et, à partir de septembre 1914, commande un sous-marin. Il participe à de nombreuses opérations durant la Première Guerre mondiale dans la mer du Nord et dans la mer Baltique.

En 1932, il est nommé contre-amiral, puis vice-amiral et devient chef de la flotte de réserve cinq ans plus tard. Lorsque la Seconde Guerre mondiale éclate, il participe à la défense de l'Angleterre avant de devenir chef de la flotte sous-marine en janvier 1940. Le 17 novembre 1942, il est nommé chef des approches occidentales (*Western Approaches Command*) et est responsable des navires de la zone de l'Atlantique, devenant ainsi le principal responsable de la *Royal Navy* durant la bataille de l'Atlantique.

Il instaure rapidement de nouvelles tactiques afin de diminuer le nombre de navires alliés coulés par les forces allemandes, en particulier par les *U-Boot* de Karl Dönitz. Puisqu'il est, selon lui, impossible d'éviter les groupes de sous-marins allemands, il convient dès lors de les combattre. Pour ce faire, Max Kennedy Horton intensifie l'entraînement des équipages des navires qui escortent les convois alliés. Il crée également des unités de soutien rapides qui peuvent venir renforcer les escortes si une attaque sous-marine se précise. Cette nouvelle approche permettra de limiter le nombre de navires coulés par les sous-marins dans l'Atlantique.

À la fin de la guerre, Max Kennedy Horton demande sa mise à la retraite. Il quitte donc la *Royal Navy* et est ordonné chevalier de la grande croix de l'ordre du Bain, distinction honorifique accordée aux militaires et aux hauts fonctionnaires britanniques. Il s'éteint paisiblement en 1951.

ERNEST KING, AMIRAL AMÉRICAIN

Né en 1878, Ernest King est un amiral américain commandant des forces de l'*US Navy* durant la bataille de l'Atlantique. En 1897, il s'inscrit à l'Académie navale d'Annapolis et prend part à partir de son engagement aux conflits auxquels les États-Unis participent tels que la guerre hispano-américaine (avril-août 1898) et la révolution mexicaine (intervention américaine à Veracruz en 1914), ce qui lui permet d'acquérir une certaine expérience.

Lors de la Première Guerre mondiale, il sert auprès du vice-amiral Henry Mayo (1856-1937) et participe à plusieurs opérations de la *Royal Navy* en tant qu'observateur. Après la guerre, Ernest King est transféré dans la flotte sous-marine américaine avec le grade de capitaine, poste qu'il occupe entre 1923 et 1925. Il est ensuite muté dans l'aéronautique navale, composante aérienne de l'*US Navy*. Il y monte en grade jusqu'à devenir commandant de la force aéronavale en 1936 et vice-amiral deux ans plus tard. Lors de l'entrée en guerre des États-Unis en 1941, il est nommé commandant de la flotte américaine. En 1942, il est désigné comme chef des opérations navales et participe à la bataille de l'Atlantique. C'est également lui qui organise les convois américains et l'acheminement du matériel et des troupes américaines en Europe.

L'amiral Ernest King quitte l'*US Navy* à la fin de l'année 1945, mais est rapidement rappelé comme conseiller pour le compte du secrétariat à la Marine des États-Unis. Il décède d'une crise cardiaque en 1956.

ANALYSE DE LA BATAILLE

LE DÉBUT DE LA BATAILLE

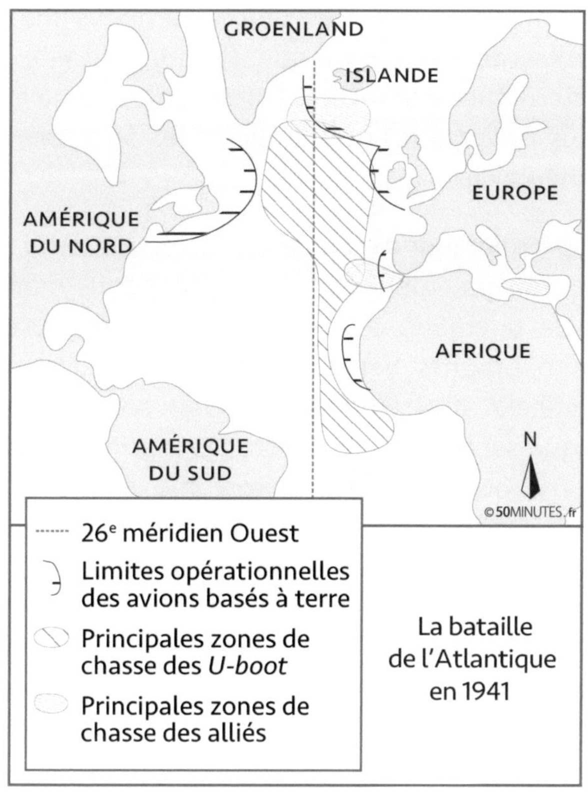

La bataille de l'Atlantique en 1941

La bataille de l'Atlantique débute le premier jour de l'annonce de l'état de guerre entre l'Angleterre, la France et l'Allemagne nazie. Les premières victimes sont les passagers du paquebot anglais *Athenia*, torpillé par l'*U-Boot* U-30. Deux jours plus tard, le SS Royal Spectre, un cargo britannique, sombre dans les eaux de l'Atlantique, victime de l'*U-48*. Ces deux premières pertes représentent bien ce que sera la bataille de l'Atlantique : une lutte acharnée entre les navires alliés traversant l'Atlantique et les sous-marins du IIIe Reich.

Au premier jour de la guerre, la flotte allemande est principalement composée de 57 sous-marins et de quelques croiseurs, auxquels s'ajoutent des bâtiments hérités de la Première Guerre mondiale. Karl Dönitz, qui avait bien compris ce que serait la lutte contre les marines alliées, estime qu'il lui faut environ 300 sous-marins pour mener à bien sa mission et mettre à genoux l'Angleterre. Le faible nombre d'*U-Boot* disponible au début du conflit montre bien la première erreur tactique de l'amirauté allemande. Adolf Hitler, voulant satisfaire ses deux conseillers navals, Erich Raeder et Karl Dönitz, n'a pas clairement tranché la question de la direction que doit prendre la *Kriegsmarine.* Ainsi, l'Allemagne ne dispose pas d'un nombre suffisant de sous-marins pour assouvir ses ambitions et sa flotte de surface n'est pas assez importante pour inquiéter réellement les marines alliées. Plusieurs vaisseaux remportent néanmoins de francs succès, tels que le croiseur *Graf Spee* qui détruit neuf navires avant d'être saboté en décembre 1939, ou encore des navires marchands en apparence inoffensifs qui dissimulent des armes afin de prendre à partie d'autres bâtiments commerciaux.

Avant que ne débute la guerre, Adolf Hitler sait que, pour pouvoir manœuvrer dans l'Atlantique où les navires alliés abondent, ses sous-marins, qui viennent de la mer Baltique, doivent passer au nord de l'Écosse. Or, les modèles dont il dispose n'ont pas une assez grande autonomie pour effectuer un tel détour. Il est donc capital de s'emparer des ports français pour accéder directement à l'océan Atlantique et ainsi barrer la route aux navires alliés. La prise de la France à partir du mois de juin 1940 confère donc aux Allemands ces territoires côtiers tant désirés. Dès lors, Karl Dönitz obtient les moyens de déployer ses sous-marins et de s'attaquer plus facilement aux convois transatlantiques. Des bases de sous-marins sont alors créées sur le littoral atlantique français (à Brest, Lorient, La Rochelle, Saint-Nazaire et Bordeaux). Si la flotte allemande est confinée chez elle durant les premiers mois du conflit, cette prise lui accorde l'avantage dans la bataille de l'Atlantique : jusqu'en 1941-1942, l'entreprise allemande est teintée de succès et les pertes alliées sont nombreuses.

Afin de soulager la marine britannique, les États-Unis instaurent une zone de neutralité en avril 1941 couvrant l'ensemble de l'océan Atlantique à l'ouest du 26e méridien Ouest (méridien passant à l'ouest de l'Islande et à l'est du Brésil), zone dans laquelle sa flotte assure la protection des convois en direction de l'Angleterre. Dans une période où les États-Unis ne sont pas encore entrés en guerre, cette décision a pour avantage de dissuader les sous-marins allemands d'attaquer dans cette zone et de permettre aux Anglais de redéployer leurs escorteurs dans d'autres parties de l'Atlantique. Lorsqu'ils entrent en guerre en décembre 1941, cette zone de neutralité devient un terrain de chasse ouvert pour les sous-marins allemands, qui remportent de francs succès, les marines alliées se révélant dans un premier temps incapables de protéger une aussi grande étendue.

LA TACTIQUE DE LA MEUTE DE LOUPS

Malgré les faibles effectifs allemands, la marine britannique accuse un retard important au niveau technologique et ne dispose pas, au déclenchement du conflit, de navires adaptés à l'escorte de convois ainsi qu'à la lutte contre les attaques sous-marines. Cette situation facilite donc grandement le travail des *U-Boot*, leur permettant de faire des ravages durant les premiers mois de guerre.

La situation alliée est rendue d'autant plus critique lorsque l'amiral Karl Dönitz met au point, en octobre 1940, la tactique dite de la « meute de loups », qui consiste à grouper les sous-marins en « meutes » composées de trois à trente submersibles séparés par quelques miles nautiques (un mile nautique équivaut à environ 1 850 mètres). Lorsque l'un des *U-Boot* repère un convoi allié, il donne le signal de regroupement aux autres membres de sa meute. Les sous-marins suivent alors la trace des ondes radio émises par celui qui a repéré les cibles poten-tielles. Une fois le groupe reformé, les « loups » attaquent le convoi, en général de nuit et en surface. Si l'attaque est groupée, elle n'est ce-pendant pas coordonnée.

Ce n'est que dans une directive de guerre datée du 6 février 1941, qu'Adolf Hitler reconnaît d'une part que la guerre sous-marine constitue le meilleur moyen pour mettre à mal l'économie anglaise et paralyser l'effort de guerre allié, et d'autre part qu'il est primordial de s'attaquer aux navires marchands. Il augmente donc sensi-blement le nombre d'*U-Boot* actifs dans l'Atlan-tique. Cependant, le Führer commet une erreur stratégique en assignant à la *Luftwaffe*, l'aviation allemande sous les ordres d'Hermann Goering (maréchal et homme politique allemand, 1893-1946), le bombardement des villes anglaises, au lieu de lui ordonner de mettre à disposition de la

Kriegsmarine des avions pour attaquer et repérer les convois alliés dans l'Atlantique. L'invasion de la Russie en juin 1941 n'arrange guère la situation puisqu'une grande partie de la *Luftwaffe* est dépêchée sur le front de l'Est, privant ainsi les Allemands d'un atout majeur dans la bataille de l'Atlantique.

LE « TROU NOIR » ET LES CONDITIONS DE VIE DES MARINS AU CŒUR DE LA BATAILLE

Une zone de l'océan Atlantique, surnommée le « trou noir », est réputée pour être le terrain de chasse favori des « loups » de Karl Dönitz. Il s'agit d'un large secteur de l'océan dans lequel les navires alliés ne peuvent espérer aucune aide de l'aviation, car les Britanniques et les Canadiens ne disposent pas, à ce moment-là, d'avions au rayon d'action suffisant pour couvrir et surveiller cette partie de l'océan. Les convois alliés y sont donc livrés à eux-mêmes et ne peuvent être prévenus de la présence de sous-marins allemands. Le danger est donc omniprésent et la vie des hommes à bord des navires est très pénible. Le stress, la tension constante et la fatigue qui en résulte s'ajoutent au mauvais temps, au froid et à une mer agitée en permanence.

Le sort des sous-mariniers allemands n'est pas plus enviable. En effet, ceux-ci sont soumis au confinement et au manque d'espace. Les rares remontées à la surface des *U-Boot* se font en général de nuit et ont pour but de renouveler l'oxygène. De plus, lors des combats, les marins allemands savent que la moindre entrée d'eau dans leur submersible a toutes les chances de leur être fatale. Cela est notamment dû au fait que les batteries électriques permettant aux *U-Boot* de naviguer en plongée contiennent de l'acide qui, au contact de l'eau, émet des gaz mortels.

LES PREMIÈRES DIFFICULTÉS POUR LA KRIEGSMARINE

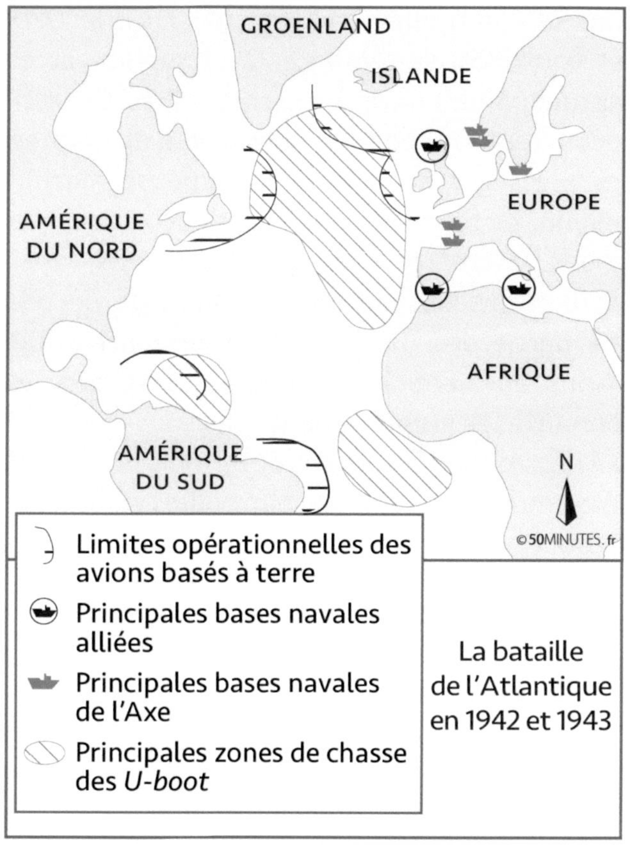

Alors que les *U-Boot* remportent quelques victoires dans l'océan Atlantique, plusieurs événements viennent ternir l'enthousiasme dans le camp allemand. En mai 1941, le *U-110* est contraint de remonter à la surface et est capturé par des navires d'escorte alliés. Ceux-ci y découvrent les codes de la machine de cryptage des messages allemands, la fameuse machine *Enigma*, et tous les documents l'accompagnant (codes météorologiques, abréviations, etc.). Cette trouvaille permet aux Alliés de décoder une partie des messages que les navires allemands envoient à leur amirauté, et donc de connaître les emplacements des sous-marins de la *Kriegsmarine*. Il leur est désormais possible de détourner les convois des patrouilles allemandes et de traquer ces dernières. Toutefois, en février 1942, les Allemands adoptent un nouveau modèle de la machine *Enigma* qui sera découvert par les Alliés à la fin de l'année.

Par ailleurs, l'organisation de l'armée allemande n'est pas pour aider la *Kriegsmarine*. En effet, celle-ci ne dispose d'aucun avion pour protéger ses navires, pour repérer les convois alliés et tenter de les détruire. De fait, Hermann Goering, le commandant de la *Luftwaffe*, n'est pas enclin à fournir des appareils à la marine dont il ne reconnaît pas l'importance de la tâche durant la guerre et préfère favoriser les bombardements des villes du centre de l'Angleterre. Il s'agit toutefois d'une erreur stratégique, car, à l'inverse des forces nazies, l'armée britannique a mis à disposition de la *Royal Navy* une composante aérienne dépendant directement de l'amirauté, capable de repérer les *U-Boot* et de les attaquer. Ces appareils britanniques prendront une importance croissante au cours de la bataille.

L'amirauté allemande est également confrontée à la relative inefficacité de la *Regia Marina* qui dispose depuis l'entrée au pouvoir de Benito Mussolini de sa propre flotte de sous-marins. Mais ces navires, conçus pour naviguer en Méditerranée, sont peu adaptés pour la navigation et le combat dans des eaux aussi capricieuses que celles de l'océan Atlantique. Ainsi, les Italiens ne peuvent jouer qu'un rôle mineur dans la campagne atlantique.

Le 27 mai, la population allemande connaît une nouvelle désillusion lorsqu'elle apprend la destruction du Bismarck, un cuirassé flambant neuf qui était la fierté de la nation. Cet événement démontre à l'Allemagne qu'Erich Raeder s'est trompé et que la victoire ne viendra pas des bâtiments de surface.

Enfin, le dernier élément qui change la donne des combats dans l'Atlantique au cours de l'année 1941 est l'entrée en guerre des États-Unis au mois de décembre, qui s'accordent avec les Britanniques et les Canadiens afin de contrôler les voies navigables de l'Atlantique.

LES « LOUPS » REPRENNENT DU POIL DE LA BÊTE

Bien que les Américains déclarent vouloir tenir les routes commerciales de l'Atlantique, ils tardent à organiser les escortes pour leurs convois, laissant aux *U-Boot* et même à quelques sous-marins italiens envoyés le long du littoral américain le temps de continuer leurs opérations. Pas moins de 200 navires marchands sont coulés par des submersibles de l'Axe dans les premiers mois de 1942, sans que ces derniers ne rencontrent de véritable résistance de la part des forces américaines.

Cela s'explique en partie par le fait que les Alliés sont pris de court par les Allemands qui, ayant découvert que les Britanniques pouvaient décrypter leurs messages, ont modifié la machine *Enigma* et instauré de nouveaux codes. Il faudra attendre le mois de décembre 1942 pour que les Alliés puissent à nouveau déchiffrer les messages envoyés par les forces allemandes dans l'Atlantique.

Grâce aux succès remportés par les submersibles, Karl Dönitz voit ses effectifs d'*U-Boot* augmenter de façon significative. Ainsi, en juin 1942, il dispose de plus de 300 sous-marins, auxquels s'ajoutent 100 autres au mois de décembre. Toutefois, ceux-ci ne sont pas utilisés simultanément. En effet, une partie d'entre eux est notamment dévolue à l'entraînement des équipages dans la mer Baltique. De plus, l'augmentation du nombre de ces effectifs va de pair avec la mise en service de nouveaux appareils. Ainsi, à partir de l'hiver 1941-1942, des sous-marins spéciaux prévus pour ravitailler les *U-Boot* en diesel et en munitions en haute mer apparaissent, leur permettant d'être actifs plus longtemps.

LA FIN DE L'ESPOIR ALLEMAND

Toutefois, la situation pour le commandant des forces sous-marines allemandes et pour ses équipages est loin d'être idéale, car les Alliés mettent tout en œuvre pour réduire leurs pertes et lutter efficacement contre les submersibles allemands : les convois sont plus protégés ; les escorteurs sont mieux préparés grâce à Max Kennedy Horton et à Ernest Joseph King ; la couverture aérienne est plus importante ; de nouvelles grenades sous-marines sont utilisées ; les radars et les sonars ont été améliorés, etc. Par conséquent, si l'année 1942 marque l'apogée de la domination des sous-marins allemands en Atlantique, la situation est désormais en passe de changer. Alors que l'industrie américaine produit des navires standardisés permettant de supplanter les pertes encourues, les Allemands éprouvent de plus en plus de difficultés à tenir la cadence.

Face au nombre croissant de pertes parmi ses hommes et à la baisse de leur efficacité, Karl Dönitz, alors commandant en chef de la *Kriegsmarine*, fait sortir, durant l'été 1943, la plupart de ses *U-Boot* de l'Atlantique, en attendant de nouveaux modèles plus sophistiqués. Cependant, ces nouvelles armes n'arriveront pas, ou du moins trop tard, et la flotte allemande ne sera plus alors en mesure d'inquiéter les flottes alliées.

L'ISSUE DE LA BATAILLE

Au final, si la bataille de l'Atlantique se poursuit jusqu'en mai 1945, l'issue en est certaine dès le retrait de la majeure partie de la flotte sous-marine allemande de l'Atlantique.

Cinq facteurs essentiels ont permis aux Alliés d'obtenir la victoire dans cette lutte maritime effroyable :

- l'entrée en guerre des États-Unis qui, si elle met de nouveaux bâtiments de guerre au service des Alliés, a surtout permis de produire une importante quantité de matériel. Leur puissante industrie standardisée a eu pour but de produire plus de navires que les Allemands ne pourront en couler ;
- l'emploi massif de l'aviation pour traquer les sous-marins allemands qui font surface ;

- les avancées scientifiques qui ont permis aux Alliés, à partir de 1942-1943, d'obtenir l'avantage grâce à un matériel plus performant. Les flottes alliées, qui étaient alors peu préparées à la guerre contre des sous-marins, ont développé durant la bataille tout un arsenal de mesures leur permettant d'envoyer par le fond autant d'*U-Boot* que ceux-ci ne coulent de navires alliés ;
- enfin le décryptage de certaines communications allemandes ont permis de repérer de nombreux submersibles.

Quant au bilan de cette bataille, il est lourd, tant en hommes qu'en matériel. Les Alliés déplorent la perte d'environ 45 000 hommes, de plus de 2 500 navires marchands et de 175 bâtiments de guerre. Les Allemands perdent quant à eux la plupart de leurs grands navires de surface ainsi que tout leur équipage, ce qui représente des milliers de marins. Les quelques navires qui n'ont pas été détruits seront immobilisés dans des ports et capturés à la Libération. Toutefois, ce sont les sous-mariniers qui payent le prix fort : sur 40 000 hommes, 25 000 ont été tués et 5 000 ont été capturés par les Alliés. Au niveau matériel, sur les 830 submersibles impliqués, environ 700 sont détruits.

RÉPERCUSSIONS DE LA BATAILLE

LES CONSÉQUENCES SUR LA SUITE DU CONFLIT

Bien que les attaques allemandes sur des bateaux alliés continuent dans l'Atlantique jusqu'à la fin de la guerre, les Allemands ne sont plus en mesure d'arrêter, ou même de freiner, l'acheminement extraordinaire d'hommes et de matériel depuis le continent américain vers le Royaume-Uni et l'Afrique. Ainsi, une conséquence directe du retrait des forces allemandes de l'Atlantique en 1943 est la possibilité pour les Alliés de préparer le débarquement de Normandie et donc d'ouvrir un nouveau front pour commencer la libération de l'Europe occupée. L'opération qui mènera au débarquement du 6 juin 1944 nécessitera des mois de préparation et le déplacement d'un nombre extrêmement important de troupes et de matériel en provenance des États-Unis et du Canada. Tout cela aurait été impossible, à moins de subir des pertes humaines et matérielles incalculables, si les Allemands avaient pu maintenir leur flotte de *U-Boot* au grand complet dans l'océan Atlantique.

De plus, dans le Pacifique, les Américains reprennent très vite les idées à leur compte et les tactiques de Karl Dönitz afin de mettre à mal la puissance japonaise. Ainsi, on verra patrouiller des « meutes de loups » de sous-marins américains dans le Pacifique qui auront pour objectif de couler un maximum de navires japonais afin de bloquer l'économie nippone.

Ce conflit permet également au Canada, qui possède à l'aube de la Seconde Guerre mondiale une marine de guerre dérisoire, de se doter de nouveaux bâtiments navals. Dans la même lignée, l'armée britannique se voit contrainte de rénover et de remettre au goût du jour la *Royal Navy*, dont certains navires peuvent être qualifiés de vieillissants.

Enfin, la bataille de l'Atlantique permettra également à quelques ports américains de se développer au moment où la demande en navires marchands est la plus importante. Des chantiers navals de construction apparaissent ainsi notamment sur la côte Est des États-Unis.

VERS UNE NOUVELLE GUERRE NAVALE

On remarque que la bataille a profondément modifié la façon de penser la guerre marine. Désormais, de nombreuses flottes de guerre s'équipent de sous-marins performants auxquels les états-majors accordent de plus en plus d'importance.

Dans les dernières années du conflit, les Allemands apportent également de nombreuses améliorations à leurs *U-Boot*, mais celles-ci arrivent trop tard et ne pourront permettre à Karl Dönitz de reprendre l'avantage dans une bataille qu'il a perdue en retirant la majeure partie de sa flotte sous-marine de l'Atlantique à l'été 1943. Parmi les innovations, les Allemands ont mis au point des sous-marins capables de rester plus longtemps sous l'eau et de naviguer plus rapidement en plongée. À la fin de la guerre, ces nouvelles technologies sont récupérées par les États sortis vainqueurs.

Du côté allié, de nombreuses innovations ont également vu le jour. Ainsi, les Alliés – et les Allemands dans une certaine mesure – ont contribué à la création et au développement du système des radars. Au début de la guerre, ceux-ci sont encore loin d'être au point et ne donnent pas les résultats escomptés. À titre d'exemple, au début du conflit, ils ne peuvent repérer les *U-Boot* qui font surface.

De même, les grenades anti-sous-marines connaissent une profonde évolution durant la bataille de l'Atlantique. Avant cet affrontement, un navire ne pouvait lancer ses grenades que par l'arrière, plus rarement sur les flancs, mais à très courte distance. Le navire était donc contraint d'effectuer de nombreuses manœuvres pour se positionner par rapport au sous-marin visé, manœuvres qui pouvaient également mettre le navire en danger. L'apparition de systèmes tels que le « hérisson » ou le « calmar » révolutionne la lutte anti-sous-marine en permettant aux navires de guerre de lancer des grenades sous-marines et des charges explosives à 30 mètres de distance pour le hérisson et à 100 mètres pour le système calmar, ce qui posera d'ailleurs de nombreux problèmes aux sous-mariniers allemands durant les dernières années de la bataille de l'Atlantique.

Dernière innovation remarquable apparue lors de cet affrontement : la torpille à tête chercheuse, que l'on doit aux Américains. Ces modèles sont guidés de façon acoustique en se basant sur le bruit émis par l'hélice d'un sous-marin ou d'un navire de surface. Les Allemands créeront également, peu de temps après, leur propre modèle de torpilles à tête chercheuse basé, lui-aussi, sur le bruit produit par les hélices.

CONSÉQUENCES ÉCOLOGIQUES

Malheureusement, cette bataille a eu des conséquences sur les océans qui sont encore visibles aujourd'hui. Les fonds marins ont en effet été pollués par les épaves de navires et plus particulièrement par les nombreux sous-marins allemands qui ont sombré dans les eaux de l'Atlantique durant les affrontements. Ces vaisseaux qui contiennent de nombreuses substances toxiques (mercure, acide, métaux lourds, etc.) jonchent depuis des décennies l'océan et les laissent s'échapper peu à peu. Ce phénomène risque de provoquer une contamination du milieu aquatique situé autour des épaves et représente donc un risque pour l'écosystème de l'Atlantique. Certaines solutions sont envisagées, notamment la construction de dômes ou de caissons à placer autour des débris afin d'endiguer la fuite des substances nocives.

EN RÉSUMÉ

1939

1er sept. : Début de la Seconde Guerre mondiale

3 sept. : **Début de la bataille de l'Atlantique**

1940

22 juin : Armistice entre l'Allemagne et la France

Oct. : Mise au point de la tactique de la « meute de loups »

1941

Avril : Zone de neutralité à l'ouest du 26e méridien

Déc. : Entrée en guerre des États-Unis

1943

Été : Retrait de la majeure partie de la flotte sous-marine allemande de l'Atlantique

1944

6 juin : Débarquement de Normandie

1945

8 mai : **Capitulation de l'Allemagne ; fin de la bataille de l'Atlantique**

2 sept. : Capitulation du Japon ; fin de la Seconde Guerre mondiale

- La bataille de l'Atlantique est, avec ses 68 mois ininterrompus de combat entre les continents européen et américain, le plus long affrontement de la Seconde Guerre mondiale. Elle se révèle extrêmement éprouvante tant sur le plan humain que financier avec plusieurs dizaines de milliers de victimes dans chaque camp et des millions de tonnes de matériel envoyés par le fond.
- Si la durée de cette bataille est si impressionnante, c'est parce qu'elle met aux prises des enjeux essentiels pour la suite du conflit. En effet, pour faire plier les Alliés, Adolf Hitler sait qu'il doit couper toutes les voies de communication et d'acheminement d'aide depuis le continent américain vers les îles britanniques. Ainsi, la marine allemande n'aura de cesse de tenter de couler un maximum de vaisseaux sur les routes de l'océan Atlantique.
- Toutefois, l'échec du blocus allemand permettra aux Alliés d'acheminer assez d'hommes et de matériel pour ouvrir un nouveau front terrestre dans l'Europe occupée et, in fine, de porter le coup de grâce à l'Allemagne nazie.
- Le réarmement – en violation avec les termes du traité de Versailles –, la modernisation et

les nouvelles tactiques, notamment sous-marines, de la *Kriegsmarine*, aidés par le manque d'efficacité de l'escorte des convois alliés, permettent aux forces de l'Axe, pour un temps, de mettre à mal les Alliés et de faire pencher la balance de leur côté.

- Cependant, la découverte des codes de cryptage des communications des sous-marins allemands, le remaniement des escortes allouées à leurs convois, la maîtrise de l'espace aérien au-dessus de l'Atlantique et la ténacité de leurs hommes donnent finalement l'avantage aux forces alliées. Dès lors, l'Allemagne ne parviendra plus à endiguer le flux de matériel acheminé depuis les États-Unis et le Canada.

- La bataille de l'Atlantique a été le témoin d'avancées scientifiques et technologiques dans bien des domaines. Elle a également changé la vision des militaires sur le combat naval et l'a donc révolutionné.

- Toutefois, si cette bataille a permis des avancées techniques, elle n'en a pas moins causé de graves problèmes écologiques qui ne sont toujours pas résolus, du fait des nombreux navires envoyés par le fond au cours de ce conflit titanesque.

Votre avis nous intéresse !
Laissez un commentaire sur le site de votre
librairie en ligne et partagez vos coups de cœur sur
les réseaux sociaux !

POUR ALLER PLUS LOIN

SOURCES BIBLIOGRAPHIQUES

- BISHOP (Chris), *Les sous-marins de la Kriegsmarine. 1939-1945*, Paris, Éditions de Lodi, 2008.

- CAMPBELL (John), *Naval Weapons of World War II*, Annapolis, Naval Institute Press, 1985.

- CARTIER (Raymond), *La Seconde Guerre mondiale*, Paris, Larousse Paris-Match, 1965.

- MALBOSC (Guy), *La bataille de l'Atlantique (1939-1945). La victoire logistique et celle du renseignement, clés de la victoire des armes*, Paris, Economica, coll. « Campagnes & stratégies », 2011.

- PEILLARD (Léonce), *La bataille de l'Atlantique*, Paris, Robert Laffont, 1974.

- ROPER-TREVOR (Hugh Redwald), *Hitler. Directives de guerre*, Paris, Arthaud, 1965.

- VALLAUD (Pierre), *La Seconde Guerre mondiale*, Paris, Acropole, 2004.

- *UBOAT.NET*, consulté le 27 août 2013. http://www.uboat.net/

SOURCES COMPLÉMENTAIRES

- BROWN (David), *Atlantic Escorts, Ships, Weapons & Tactics in World War II*, Barnsley, Seaforth Publishing, 2007.

- HAGUE (Arnold), *The Allied Convoy System*, Ontario, Vanwell Publishing, 2000.

- MILNER (Marc), *Battle of the Atlantic*, Abingdon, History Press, 2011.

- NESBIT (Roy Conyers), *Ultra versus U-Boats. Enigma Decrypts in the National Archives*, Barnsley, Pen & Sword Military, 2008.

- PRESTON (Antony), *U-Boote : L'histoire des sous-marins allemands*, Paris, Nathan, 1979.

- SYRETT (David), *The Defeat of the German U-Boats. The Battle of the Atlantic*, Columbia, University of South Carolina Press, 1994.

DOCUMENTAIRES

- *Dönitz VS Horton. La Bataille de l'Atlantique*, documentaire de Jonathan Martin et Philip Nugus, 2000.

- *La Bataille de l'Atlantique*, documentaire de René-Jean Bouyer, 2004.

- *Les Grandes Batailles : la bataille de l'Atlantique*, documentaire de Daniel Costelle, 2010.

MUSÉES ET BÂTIMENT COMMÉMORATIF

- Le mémorial naval de Laboe, un monument dédié aux marins allemands victimes de la Première Guerre mondiale et à tous les marins disparus lors de la Seconde Guerre mondiale (Allemagne).

- Le musée des *Western Approaches*, situé dans l'ancien quartier général des Approches Occidentales, à Liverpool (Angleterre).

- Le musée maritime de l'Atlantique, à Halifax (Canada).

L'éditeur veille à la fiabilité des informations publiées, lesquelles ne pourraient toutefois engager sa responsabilité.

www.50minutes.fr

ISBN ebook : 978-2-8062-5423-8
ISBN papier : 978-2-8062-5604-1
Dépôt légal : D/2014/12603/16
Photo de couverture : *Officiers sur le pont d'un destroyer, escortant un convoi contre les attaques des U-Boots allemands* (octobre 1941) Office of War Information. Domaine public.

Conception numérique : Primento, le partenaire numérique des éditeurs